CATÉCHISME

RÉPUBLICAIN

ou

CODE DES DROITS DU CITOYEN.

Dialogue entre un Docteur, un Ouvrier et un Conservateur rallié à la République.

Prix : 30 cent.

Le Docteur.

Citoyens, au moment d'élire les Représentans de la nation, il est nécessaire que chacun connaisse ses droits et ce qu'il a à faire pour fixer son choix. La République est le seul gouvernement désirable et possible, dans les circonstances actuelles. Elle seule, bien dirigée, bien administrée, est capable de nous rendre heureux ! Toute proposition qui lui serait contraire doit être regardée, par vous, comme un crime de lèse-nation et une provocation au désordre, un appel à la guerre civile ! l'œuvre d'un mauvais citoyen ! Tous les partis doivent se rallier pour concourir, chacun à sa manière, à la réorganisation de notre ordre social, qui est à refondre de fond en comble ; car tout a été vicié, dénaturé dans toutes nos institutions, et l'on peut dire, avec vérité, que rien n'est aujourd'hui comme il devrait être.

Nul n'apporte la pourpre en naissant ! Il est temps que les

1848

rois apprennent qu'ils sont faits par les peuples et pour les peuples, et que ceux-ci ne sont point faits pour eux. Le premier qui fut roi fut un soldat heureux.

Je ne vous retracerai pas ici, Citoyens, tous les crimes de la royauté : l'histoire vous en inspire un trop profond dégoût !

Le premier roi chrétien assassina trois rois de ses amis, et le dernier vient de verser le sang de nos frères !

Toute nation est donc réduite à s'affranchir de ses tyrans et à se gouverner elle-même ! Là seulement est la paix, l'ordre et la sécurité de la patrie !

Nos pères avaient fondé le gouvernement républicain, en 93, au prix des plus grands sacrifices. Le despotisme militaire a détruit leur œuvre avant qu'elle ne fût achevée ; ils avaient acquis quelque gloire ; mais rien n'est stable, ici-bas, que la justice et la vertu ! La gloire de nos armes s'est éclipsée sous les baïonnettes de tous les despotes coalisés. Une odieuse monarchie a pesé sur la France pendant quinze ans ! Fatigués de l'excès de ses crimes, nous l'avons chassée et condamnée à l'exil.

En 1830, nous avons essayé de relever l'arbre de la liberté, qu'avaient planté nos pères en 93, et que Napoléon avait fait abattre. Un souffle ennemi ne lui a pas encore permis de prendre racine ; il n'a pu se tenir debout. Cependant il nous semblait avoir atteint le règne de la liberté et de l'égalité. Nous avions un roi-citoyen ; Lafayette, républicain, nous l'avait présenté comme la meilleure des Républiques. Nous n'étions pas encore alors, disait-on, assez mûrs, assez sages, pour jouir des bienfaits d'un gouvernement républicain. Nous devions nous contenter d'un roi populaire ! le meilleur des rois !

Vous savez maintenant, Citoyens, ce que vaut le meilleur des rois ! Une dette publique de 5 milliards qu'il laisse à la République ; 300 millions enlevés à la caisse d'épargnes des malheureux ouvriers ; des fonctionnaires publics, corrupteurs et corrompus ; une majorité d'esclaves et de valets factieux, qui étouffaient les cris d'alarme et la voix de la nation ; des ministres sans foi politique ni religieuse, sacrifiant les intérêts et jusqu'à l'honneur de la France, pour se maintenir en place et plaire à leur maître ! Voilà, Citoyens, ce qui peut vous donner la mesure de la moralité du meilleur des rois!

La Providence nous a enfin débarrassé, j'espère, du dernier de nos tyrans, en nous préservant d'une ruine entière !

La République nous a sauvés de la banqueroute. Saluons donc avec enthousiasme l'aurore de la liberté, de l'égalité et de la fraternité !!

Vive la République ! ! !

L'OUVRIER.

Citoyen, j'admire les nobles sentimens que vous venez d'exposer et la manière dont vous les exprimez ; mais je désirerais savoir au juste la véritable signification des trois derniers mots que vous venez de prononcer. Que doit-on entendre par le mot liberté ?

LE DOCTEUR.

La liberté consiste dans le droit qu'a toute personne de faire ce qui lui plaît, sans nuire à la morale publique, aux intérêts et à la liberté d'autrui.

L'OUVRIER.

Citoyen, je conçois que la liberté doit être restreinte, et que nous ne devons pas en user pour troubler l'ordre public et bouleverser la société ; mais l'égalité dont vous parlez nous donne d'autres droits que la liberté. Nous naissons tous égaux, et, comme vous nous l'avez dit, nul n'apporte la pourpre en venant au monde ; toutes les distinctions de rang et de fortune doivent disparaître devant l'égalité.

LE DOCTEUR.

Citoyen, vous ne devez entendre, par égalité, que le droit qu'a chaque Citoyen d'être admis aux emplois publics, sans distinction de condition, de rang et de fortune (s'il a le talent de les remplir), et une parfaite égalité de droits devant la loi. Autrement, il y aura toujours inégalité dans les conditions parmi les hommes, comme il y en a sous le rapport de leur grosseur et de leur taille ; il y aura toujours des grands et des petits, des riches et des pauvres, des savans et des ignorans, de bons et de mauvais ouvriers, des valets et des maîtres, des maçons et des architectes, des malades et des médecins.

Chacun doit donc se résigner dans la condition où le Ciel l'a fait naître, tout en faisant des efforts pour l'améliorer, s'il n'en est pas satisfait. *Aide-toi, le Ciel t'aidera !*

L'OUVRIER.

Citoyen, ce n'est pas ainsi que j'entendais l'égalité. Je croyais que, sous la République, nous allions tous être libres et heureux, c'est-à-dire tous égaux en droits et en biens ; qu'il n'y aurait plus ni tien, ni mien, ni riches, ni pauvres, que tout serait commun parmi les hommes, comme il l'est dans une famille de frères.

LE DOCTEUR.

Citoyen, vous aviez rêvé l'âge d'or, dans un siècle de fer.
Rappelez-vous qu'il y a dix-huit ans, nous n'étions pas mûrs pour la République, nous ne le sommes pas encore aujourd'hui pour ce que vous demandez ; mais lorsque la République sera bien affermie, que l'ordre sera rétabli, que la rosée du Ciel aura fécondé le sol de la France, je vous promets le plus brillant avenir, des améliorations inespérées, des découvertes inattendues, et le bonheur réel au sein de l'abondance et des plaisirs !

L'OUVRIER.

En attendant l'abondance et ce brillant avenir que vous

nous promettez, je vois qu'il faut que chacun vive libre chez soi; et n'aille pas nuire à la liberté et aux intérêts de son voisin. En conséquence de ce principe, ne devrions-nous pas chasser les ouvriers qui viennent de tous côtés partager notre travail, disputer notre salaire et le pain de nos femmes et de nos enfans?

LE DOCTEUR.

Non, Citoyen, non! nous avons inscrit sur notre drapeau le mot Fraternité. Nous devons l'adopter dans toute l'étendue de son acception. Nous ne sommes plus au temps où l'on se battait de château à château, de ville à ville, de village à village, de province à province, de puissance à puissance; aujourd'hui la guerre est impossible, car la devise de la liberté et de la fraternité ne connaît pas de bornes! Tous les peuples sont frères! Après la chute de quelques tyrans qui existent encore, nous ne verrons plus d'esclaves, nous ne trouverons plus que des hommes libres sur la surface du globe!

Ainsi donc, Citoyen, que votre frère vienne de l'Orient ou de l'Occident, du Nord ou du Sud, accueillez-le avec bienveillance, s'il a brisé les chaînes de l'esclavage pour se rendre dans le pays de la liberté. Faites-lui ce que vous voudriez qu'il fît pour vous si vous aviez brisé vos fers.

Le Français est naturellement grand, généreux, magnanime; il aime la justice et l'ordre autant que la liberté, il sait souffrir sans murmurer. Aucun de vous, j'espère, Citoyen, n'a failli à ce noble caractère; c'est ce qui me donne l'assurance que le calme et l'ordre règneront toujours dans vos délibérations, comme l'équité envers vos frères d'une autre localité ou d'une autre patrie!

Cependant, je dois rappeler aux ouvriers étrangers qu'on serait forcé de les renvoyer dans leurs foyers respectifs, s'ils devenaient une cause de trouble et de désordre parmi nous.

LE CONSERVATEUR, *rallié*.

M. le docteur, la morale que vous proclamez est si belle,

si pûre, que je ne balancerais pas à me faire républicain, si
je n'étais déjà rallié à la République. J'étais encore, je l'a-
voue, ce qu'on appelait conservateur, il y a un mois ; mais
aujourd'hui, j'adopte la République avec franchise et sans
aucune arrière-pensée ; je désirerais même me porter candidat à la députation de l'Assemblée Nationale, si vous vouliez
m'aider de votre concours.

Le Docteur.

Citoyen conservateur, je vois avec plaisir votre conversion
en franc républicain ; mais votre conversion ne date pas d'assez loin, pour que le peuple puisse avoir une entière confiance
en vous, et, malgré votre profession de foi, après avoir ardem-
ment servi le parti conservateur, qui nous a conduits sur le
bord d'un abîme, et mis à deux doigts d'une banqueroute
générale, pour ma part, je ne vous croirai jamais digne des
suffrages de vos concitoyens, et je les engagerai toujours
plutôt à voter pour un homme, dont les idées républicaines
sont connues de vieille date, que pour vous qui encensez tout
soleil levant. Ainsi, croyez-moi, cessez de prétendre à une
mission qui ne vous appartient pas, et ne vous exposez pas au
hasard d'une honteuse répulsion !

Le Conservateur.

Monsieur, je ne renonce pas ainsi à une candidature à la-
quelle j'ai des droits. J'ai des antécédens honorables. Je rem-
plis une fonction qui m'a fait connaître. Je suis modéré dans
mes opinions ; je veux encore être sous la République conservateur de l'ordre, et j'espère qu'on me préférera à ces forcenés
républicains radicaux, qui peuvent nous ramener, par leur
véhémence et leurs emportemens, tous les excès de la première révolution.

Le Docteur.

Citoyen, maintenez la paix dans votre famille, vos enfans

vous en sauront gré ; mais renoncez à la folle prétention de
conserver le bon ordre en France, par les principes que vous
avez professés sous le ministère Guizot ; nous ne voulons
point de républicains modérés, selon vos vues. Votre modéra—
tion n'est que de l'eau tiède qui nous inspire des nausées !
l'eau bouillante est seule capable de développer la force de la
vapeur qui doit mettre en mouvement la grande machine ré—
publicaine destinée à gouverner le monde entier.

D'ailleurs, Citoyen, il n'y a pas de milieu entre le vice et la
vertu, entre le bien et le mal, le juste et l'injuste ; la République est bonne ou elle est mauvaise : si elle est mauvaise, on
doit la rejeter d'un concert unanime ; mais si elle est bonne,
ce n'est pas avec tiédeur qu'on doit l'accueillir, c'est avec un
saint enthousiasme ! c'est avec l'ivresse du bonheur et le dé-
lire de la joie la plus pure !

LE CONSERVATEUR.

Mais, Monsieur, vous ne pensez donc pas à ce qui s'est
passé de 89 à 93 ? Oubliez-vous ces temps d'anarchie, de désordre et d'abomination ? ces temps où l'on conduisait à l'échafaud
le plus honnête homme du monde, sous le simple soupçon de
royalisme ou de tiédeur pour la République ? Je voudrais des
hommes sages et modérés, instruits sur le passé et fermes dans
le présent, pour éviter le retour de pareilles calamités !

LE DOCTEUR.

Citoyen, les temps sont changés, rassurez-vous. Depuis
trente ans, les hommes de bien n'ont pas cessé de cultiver
l'arbre de la Liberté ! Ils ont reconnu que c'était l'arbre de la
science du bien et du mal ; ils se sont aperçus qu'une partie de
ses rameaux ne produisait que de mauvais fruits, ils les ont
retranchés, et ont forcé la sève à se porter dans les rameaux
qui ne produisent que de bons fruits. On avait confié la cul-
ture de cet arbre à des hommes qui ne connaissaient pas son
essence : ils l'avaient mutilé, au lieu de le tailler et de le diriger.

convenablement ; aujourd'hui, Citoyen , cet arbre a pris racine dans le cœur des peuples, et porte ses fruits dans leur intelligence ! Nous n'avons plus rien à craindre de l'abrutissement et de la barbarie : il n'y aura bientôt plus d'esclaves; chacun connaîtra ses droits et ses devoirs ; ainsi, rassurez-vous sur les excès que vous pourriez redouter. Le peuple éclairé, sage et modéré après la victoire, fait plus aujourd'hui, en trois jonrs, que ses aïeux n'en faisaient dans un siècle!...

L'OUVRIER.

Citoyen conservateur, pouvez-vous demander au peuple parisien plus de modération qu'il n'en a montré après la victoire du 24 février? Nous aurions pu écraser tous les soi-disant conservateurs qui commandaient le feu pour détruire un peuple tranquille. Nous ne l'avons pas fait, et le seul instrument qui nous restait pour exercer une juste vengeance, nous l'avons brisé, nous avons aboli la peine de mort!!! C'est loin de ramener les temps dont vous redoutez le retour! n'est-ce pas, Citoyen?

LE CONSERVATEUR.

Je sais qu'il y a une grande différence entre le peuple d'aujourd'hui et celui de 93 ; celui d'aujourd'hui est plus instruit, et partant plus raisonnable. Mais, Messieurs, vous savez qu'on dit qu'il est impossible d'être en paix sans une monarchie, sans un roi héréditaire; car, en supposant qu'il soit despote, n'avez-vous pas à craindre d'en avoir dix au lieu d'un, avec la République ?

LE DOCTEUR.

Voilà précisément pourquoi nous ne voulons pas de demi-républicains ; il faut l'être franchement et tout entier, ou ne pas l'être du tout ; car, assurément, les despotes se trouveraient parmi ceux que vous appelez modérés. Un franc républicain est ennemi de tout despotisme ! Vous parlez de paix, de stabilité

avec un roi héréditaire !... Mais ne voyez-vous pas que l'hérédité de la puissance, la monarchie ne garantit pas des troubles ? N'est-ce pas à la suite de la monarchie de Louis XVI
que nous avons eu la révolution de 93 ? N'est-ce pas à la suite
de l'hérédité de l'empire, que nous avons eu l'invasion étran-
gère ? N'est-ce pas à la suite de troubles que nous avons chassé
Charles X et Louis-Philippe, reconnus rois héréditaires ?

Vous voyez donc bien qu'il y a des troubles et des agita-
tations populaires sous les monarchies héréditaires comme
sous la République. Nous ne jouirons d'une tranquillité parfaite que quand le peuple, instruit de ses droits et de ses devoirs, jouira des bienfaits des institutions qu'il aura fondées
sur la justice, l'égalité, et la fraternité.

Le Conservateur.

Je vous remercie, Citoyen, des explications rassurantes que
vous venez de me donner ; j'adhère de plus en plus à vos
principes républicains, et je laisse, à de plus dignes que moi,
le soin de représenter mes concitoyens.

L'Ouvrier.

Citoyen docteur, les mots République et Républicain sont
un épouventail pour certaines gens ; il leur semble que ces
mots sont synonimes de terreur, de massacres, d'échafauds et
d'horreurs révolutionnaires. Voudriez-vous nous en donner
la véritable signification ?...

Le Docteur.

Mes frères,

La République est la chose publique ! le gouvernement du
peuple par les représentans qu'il s'est choisi librement et
pour un temps limité. Ici le peuple est souverain ; il ne re-
lève que de sa propre autorité, il est éternel, c'est comme le

soleil ; il est l'œuvre de Dieu, il voit tout changer et ne change jamais. Il n'est sujet et esclave que de l'honneur et des lois qu'il a sanctionnées dans l'intérêt de tous.

Le franc républicain est l'homme de bien par excellence, le fidèle observateur de l'ordre, de la justice et des lois ! L'homme qui s'oublie et s'efface devant son propre intérêt, quand il s'agit de l'intérêt commun et du salut de sa patrie. C'est l'homme du progrès, l'ouvrier de la pensée, l'ennemi des abus, et le rigide observateur des règles du devoir de tout bon citoyen.

Le franc républicain, comme vous le voyez, Citoyens, est l'homme d'ordre, de liberté et d'égalité, de bienfaisance et de progrès. L'homme selon Dieu, qui aime son prochain comme lui-même, qui ne voit en tout et partout que des frères, et qui ne connaît d'autre patrie que celle de l'humanité.

L'Ouvrier.

Citoyen, vous venez de nous expliquer les qualités d'un bon républicain ; mais aujourd'hui que tout le monde se dit républicain, ne pourriez-vous pas nous indiquer les signes auxquels on peut reconnaître le mauvais républicain ?

Le Docteur.

Le mauvais républicain se reconnaît : 1° par ses antécédens, qui ont toujours été en opposition avec l'intérêt du peuple ; par son dévoûment à un ministère anti-national, dont il devait intérieurement désapprouver et blâmer les actes ; par sa servilité et sa vénalité. Car ce n'était que par un sordide intérêt que le mauvais Citoyen soutenait la corruption de la royauté déchue. Ce qu'il faisait pour l'odieux ministère que nous avons chassé, il l'aurait fait pour tout autre, à prix d'argent. Des gens de cette trempe n'ont point de loyauté dans l'âme, et sont indignes de votre confiance ; 2° par sa conduite présente.

Le mauvais républicain, l'homme lâche, vénal et sans caractère, est souvent le premier à se mettre en avant, à protester de son dévoûment à la République. « C'était là, dit-il, l'objet de ses vœux, la réalité de ses désirs et de ses espérances. » Il s'intrigue auprès des grands du jour, il offre ses services aux nouvelles autorités ; en un mot, il se pose comme un homme nécessaire et le plus ferme appui de la République.

Mais, dans ses écrits ou dans ses entretiens, il prend toujours de préférence le mauvais côté des choses ; il travestit les faits, les dénature, les tronque, les affaiblit ou les exagère, pour leur donner une allure conforme à son opinion intérieure. Il s'appesantit sur les faits contraires à l'affermissement de la République ; il nous menace indirectement de la colère de telle ou telle dynastie. Il entretient et nourrit la crainte dans les opérations commerciales ; il fait des commentaires sur la panique mal fondée qui fait baisser les fonds publics. Il cherche à détruire la confiance qu'inspirent à tous les bons Citoyens les membres courageux et honorables du gouvernement provisoire. Tantôt, il fait des récriminations contre quelques-uns de ses membres ; tantôt, il donne une fausse interprétation à leurs actes officiels, parce qu'ils sont, sans doute, à ses yeux, trop franchement républicains ; tantôt, il veut faire des manifestations hostiles contre la classe ouvrière, dont il blâme l'adjonction dans les assemblées électorales, parce qu'elles ne lui laissent aucune espérance de retour vers le despotisme. Enfin, Citoyens, le mauvais républicain c'est l'homme qui répète des on dit mensongers, des bruits de révolte ou de troubles supposés, qui jette l'alarme et le découragement parmi le peuple, au lieu de lui faire envisager le besoin de l'ordre et de la confiance, et de lui expliquer qu'à la suite de toutes les grandes révolutions sociales, une crise momentanée est toujours inévitable, car une révolution ne s'opère que lorsque les intérêts publics sont lésés au *nec plus ultra.*

Mais je ne crains pas de prédire qu'à la gêne momentanée que nous éprouvons, succédera un ordre de choses qui fera la gloire de notre belle patrie et le bonheur de toutes les classes de la société.

Citoyens, il ne nous faut pour cela que de francs et loyaux républicains pour représentans. Pas de faux frères! point de brouillons! point d'ouvriers d'iniquité! Des hommes sages, sincères et éclairés, voilà tout.

L'OUVRIER.

Citoyen docteur, vous n'approuvez donc pas ces bruyantes exclamations, ces mouvemens tumultueux qui se manifestent si souvent dans nos clubs ; cette espèce de brouhaha qui empêche le président de faire entendre sa voix pour rétablir l'ordre, et qui paralysent souvent les efforts des orateurs, animés des plus généreuses intentions?

LE DOCTEUR.

Autant j'aime la liberté de la pensée, autant je blâme ces véhémentes manifestations qui ne semblent lancées que par la colère, et dans une intention de désordre et de vengeance, au milieu d'une assemblée qui vient formuler la règle de ses devoirs, et écouter avec calme la voix de la raison. Songez donc, Citoyens, que c'est à des frères et non à des brutes que vous parlez. Suivez la maxime du Sage :

> Evitez tout emportement,
> On se nuit alors qu'on offense ;
> Et l'on hâte son châtiment,
> Quand on croit hâter sa vengeance.

D'ailleurs, vous ne vous réunissez aujourd'hui dans vos clubs que pour organiser vos votes, afin de les concentrer sur de bons et francs républicains, qui se rendront à l'Assemblée Nationale pour exposer vos vœux et vos besoins, et concourir à la confection des lois que réclame le pays.

Laissons à nos mandataires, à nos élus, à nos députés seuls

le soin de discuter les intérêts généraux de la nation ; car, si tout le monde voulait s'en mêler, vous verriez reparaître les scènes sanglantes de la première révolution, et la plus dégoûtante anarchie. Après les élections, rentrons donc dans nos foyers, et attendons avec calme et espérance !!!

Dans les circonstances heureuses et en même temps difficiles où nous nous trouvons, ce sont des hommes dévoués à la République, et profondément instruits qu'il nous faut. Des hommes qui puissent embrasser d'un coup-d'œil les intérêts généraux, et qui ne bornent pas leurs vues et leurs désirs aux intérêts matériels d'une profession ou d'une spécialité quelconque : il faut que les intérêts de tous soient représentés loyalement. Voilà la République. Si chaque état, chaque profession avait la prétention de se faire représenter à la chambre par un député, au lieu de neuf cents, il en faudrait neuf mille, et le désordre règnerait infailliblement dans une pareille assemblée.

Tandis que si vous nommez des hommes à larges vues, patriotes dévoués et connus, dégagés d'esprit de coterie et d'influence locale ; ces hommes écouteront les réclamations de tous, et les feront valoir devant l'Assemblée Nationale, s'il y a lieu.

Il ne vous reste donc, Citoyens, qu'à rechercher quels sont les hommes éprouvés, sages et instruits qui peuvent réunir les qualités que vous exigez de vos députés ; quels sont ceux, parmi vos concitoyens, qui vous ont montré le plus de dévoûment, qui connaissent le mieux l'homme dans toutes les positions de la vie ; ce qui peut exercer sur lui une influence salutaire ou nuisible ? Quels sont ceux enfin qui sont le plus capables de contribuer efficacement à votre bonheur et à la prospérité publique ? Que le Ciel vous éclaire et vous soit en aide, c'est le vœu le plus ardent de mon cœur, et l'expression de la pensée d'un franc et loyal républicain.

L'Ouvrier.

Citoyen docteur, vous nous dites de choisir pour représentans des hommes vertueux, de francs et loyaux républicains ; mais vous avez oublié de nous dire ce que nous devions exiger d'eux, les promesses qu'ils devaient nous faire, et les assurances qu'ils devaient nous donner avant de prétendre à l'honneur de la députation, et ce que vous feriez vous-même, si vos concitoyens vous honoraient de leurs suffrages.

LE DOCTEUR.

Citoyen, je vous dirai que vous devez exiger de vos candidats à la députation une franche profession de foi, non pas de ce qu'ils ont été, mais de ce qu'ils sont et de ce qu'ils prétendent être dans l'Assemblée Nationale ; vous devez exiger d'eux, qu'ils vous disent s'ils ont des idées arrêtées sur les réformes qu'ils prétendent faire dans la réorganisation de notre ordre social. Il ne s'agit pas aujourd'hui de se prévaloir des coups d'aiguillon qu'on a donnés dans quelques écrits plus ou moins piquans, aux suppôts du gouvernement déchu ; mais bien quels seront les coups d'aiguillon qu'on se propose de donner aux membres rétrogrades du gouvernement républicain, si, par malheur, la France en déléguait quelques-uns.

Quant à moi, Citoyen, si jamais j'avais l'honneur d'être représentant du peuple, j'exigerais d'abord que la République fût en France le seul gouvernement possible ; que le peuple fût toujours considéré comme souverain, et qu'aucune modification ne fût apportée au mode d'élection des représentans que nous allons élire ; enfin, que le peuple soit en tout et partout le seul maître d'apporter des changemens à ce qui touche aux principes fondamentaux de l'ordre social.

Je voudrais que tout électeur ne donnât son suffrage qu'à un candidat bien connu de lui, soit par sa profession de foi orale ou écrite.

Je voudrais qu'aucune coterie, aucune réunion secrète ne pût influencer son vote. Je voudrais que tous les fonctionnaires publics fussent soumis à l'élection du peuple. Je voudrais une prompte réforme dans la magistrature et dans tous nos codes; plus de charges venales; une organisation nouvelle de juges ou jurés pour terminer promptement les affaires, et éviter des frais qui ne servent qu'à enrichir des hommes sans honneur.

Je ne voudrais ni d'avocats, ni d'hommes de loi dans les affaires au - dessous de 300 francs, et que ces affaires fussent jugées sans appel.

Je voudrais que tout avocat, convaincu de chercher à gagner sa cause à l'aide d'inventions ou d'allégations mensongères, fût suspendu de ses fonctions et condamné à une amende,

Il est temps que la justice revienne au barreau !

Je voudrais que tout juge corrompu fût dégradé publiquement.

Je voudrais organiser le travail dans toutes les professions.

Mais le salaire des ouvriers ne serait pas uniforme pour tous.

Je n'accorderais pas une prime d'encouragement à la paresse, mais au mérite, à l'activité et à l'industrie.

Chacun recevrait selon son œuvre.

C'est-à-dire que celui qui ne travaillerait que cinq heures, n'aurait pas la paye de celui qui travaille dix heures, à moins de conditions particulières.

Je voudrais que chacun gagnât en proportion de ses capacités et de la perfection de son travail.

Je voudrais que l'état ne soutînt jamais le maître plus que l'ouvrier ; que l'égalité fût religieusement observée, car l'état administre et ne soutient pas.

Je voudrais la suppression des octrois sur tout ce qui a rapport à la vie ; car l'homme ne travaille que pour vivre et se vêtir. Je voudrais surtout la suppression des visites domiciliaires pour la vente des boissons, sorte de perquisition presque aussi odieuse que l'inquisition de la pensée !

Je demanderais le rachat des chemins de fer par l'état, afin que le peuple pût en profiter sans distinction, sous le rapport de l'hygiène, et pût voyager à meilleur compte.

Je voudrais que l'impôt public fût réparti avec la plus sévère équité, selon la fortune mobilière ou immobilière de chacun, et que celui qui n'a rien ne payât rien ; que le pauvre pût ouvrir, sans impôt, des fenêtres à son habitation, afin de jouir au moins de l'air et de la lumière qui nous viennent de Dieu.

Je voudrais que les médecins et les pharmaciens fussent rétribués par l'état ; que chacun pût recevoir des secours médicaux sans crainte d'être exploité par l'un ou par l'autre.

Qu'aucun charlatanisme ne pût se produire !

Je chercherais à faire donner le plus promptement possible de l'éducation à la génération qui s'élève, et supprimerais tous les jésuites déguisés qui exploitent l'enfance, tantôt sous une forme, tantôt sous une autre.

Je poursuivrais et combattrais, comme je l'ai toujours fait, les abus, la fraude et l'injustice, partout où ils peuvent se montrer.

Je prêterais l'oreille à toutes les réclamations du peuple, et ferais valoir celles qui me paraîtraient justes.

Je m'efforcerais de concourir au maintien de la paix, source de toute prospérité. J'éviterais toute cause de guerre, qui n'est qu'un reste de barbarie, dont le peuple paie toujours les frais.

Je chercherais les moyens de rendre le peuple heureux, en établissant des relations amicales avec toutes les puissances de l'univers, auxquelles j'aurais l'ambition de servir de modèle, et qui ne tarderaient pas à devenir émules de notre bonheur et à se rallier à notre drapeau, qui serait le véritable drapeau de la fraternité ! etc., etc.

Telles sont, Citoyens, les idées que je chercherais à faire germer dans l'Assemblée Nationale, au sein de l'ordre et de la paix, et sous l'égide de la Liberté et de la Fraternité ! ! !

Ed. Lemaitre,
Docteur-médecin.

Havre. —Imp. de H. Brindeau et comp.